ngsgebäude des Hauptbahnhofs Münster

ANSICHT VOM BAHNHOFSVORPLATZ M. 1:250

MÜNSTER, AM 15. MÄRZ 1958.
FÜR DIE BUNDESBAHNDIREKTION MÜNSTER
DEZ. 49.

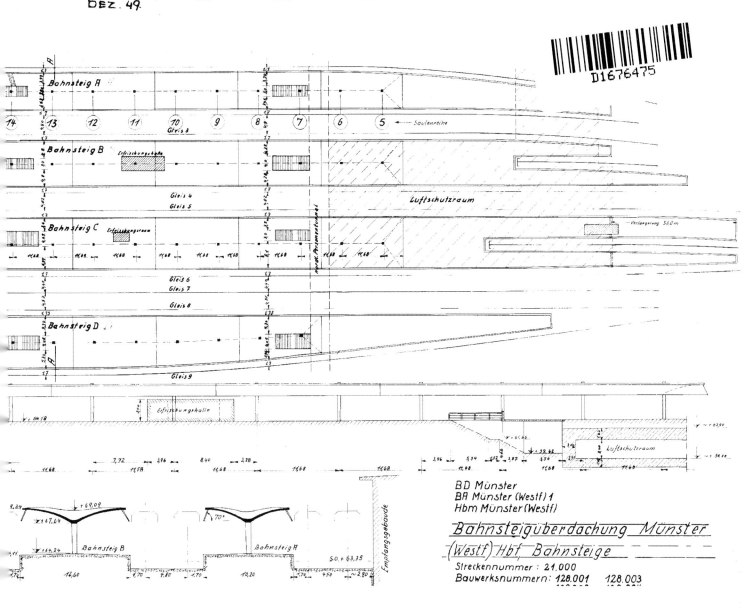

BD Münster
BA Münster (Westf) 1
Hbm Münster (Westf)

Bahnsteigüberdachung Münster (Westf) Hbf Bahnsteige

Streckennummer: 21.000
Bauwerksnummern: 128.001 128.003

Wolfgang Fiegenbaum/Philipp Luy

Hauptbahnhof Münster (Westf)

Ein neuer Bahnhof für die Stadt

Titelbild: Der neue Hauptbahnhof Münster (Westf).

Rücktitel: Innenansicht der Haupthalle im neuen Hauptbahnhof Münster (Westf).

Vorsatz: Hauptbahnhof Münster (Westf) in einer Bauzeichnung von 1958 (oben) und der Gleisplan mit Bahnsteigen (unten).

Nachsatz: Das neue Empfangsgebäude Hauptbahnhof Münster (Westf) in einer Bauzeichnung von 2012 (oben) und der Gleisplan mit Bahnsteigen (unten).

„Linien müssen fließen"

Marc Ulrich

In Gedenken an den Chefarchitekten Münster (Westf) Hauptbahnhof

Inhalt

Vor- und Grußworte 5

Der Hauptbahnhof Münster – ein Stern im Norden 11

Der neue Hauptbahnhof Münster (Westf) 23

Bildteil 29

Impressum, Bildnachweis, Daten und Fakten zum neuen Hauptbahnhof 95

Literatur 96

Liebe Leserin, lieber Leser,

passend zur feierlichen Eröffnung des neuen Münsteraner Hauptbahnhofs präsentieren wir Ihnen ein Buch, das die Geschichte dieses Bahnhofs in der nordrhein-westfälischen Großstadt mit beeindruckenden Bildern und historischen Fakten gebührend würdigt. Mit seiner neuen, lichtdurchfluteten Glasfassade und seinem modernen Ambiente erstrahlt der Hauptbahnhof als Entrée der Stadt Münster in neuem Glanz.

Als wichtiges Bindeglied zwischen Hafenviertel und Innenstadt fügt sich das moderne Empfangsgebäude harmonisch in das Stadtbild ein. Die Grundfläche des neuen Empfangsgebäudes hat sich im Vergleich zu vorher verdoppelt. Sie bietet mit einer Länge von rund 150 Metern und einer Höhe von 13 Metern großzügige Flächen für ein attraktives Service- und Einkaufsangebot. Das neue Glasdach sorgt mit seiner beachtlichen Länge von über 100 Metern für eine einladende und freundliche Atmosphäre im Inneren.

Die Neugestaltung des Münsteraner Hauptbahnhofs zählt zu den herausragenden Projekten der regionalen Kampagne „#1von150: Moderne Bahnhöfe für NRW". Bis 2023 fließen rund eine Milliarde Euro in die Modernisierung und Instandhaltung von 150 Bahnhöfen in NRW. Barrierefreiheit, eine bessere Aufenthaltsqualität, digitaler Service und eine höhere Zuverlässigkeit von Aufzügen und Rolltreppen stehen im Fokus – auch in Münster. Hier leitet zum Beispiel ein taktiles Leitsystem Reisende mit Sehbehinderung auf kürzestem Weg zu den Bahnsteigen. Eine digitale Vitrine informiert Reisende komfortabel und papierlos über den Fahrplan und aktuelle Änderungen.

Dank der Modernisierung des überregionalen Knotenpunktes Münster konnte die Verkehrsinfrastruktur enorm aufgewertet werden. Die täglich rund 68.000 Reisenden und Besucher des Münsteraner Hauptbahnhofs dürfen sich ab sofort auf ein neues „Erlebnis Bahnhof" freuen.

Ein Erlebnis ist auch die Lektüre dieses Buches, das Sie dank der eindrucksvollen Bilder in die Geschichte des Hauptbahnhofs eintauchen lässt. Ich wünsche Ihnen viel Spaß dabei sowie allzeit einen angenehmen Aufenthalt im neuen Hauptbahnhof Münster (Westf)!

Dr. André Zeug ist Vorstandsvorsitzender
der DB Station&Service AG

Liebe Leserin, lieber Leser,

ein Hauptbahnhof ist immer auch Herzstück einer Stadt: Er empfängt Ankömmlinge, ist stets Ort der Abreise und Verabschiedung und als Mobilitätsdrehscheibe und Verknüpfungspunkt öffentlicher Verkehrsmittel natürlich auch ein zentraler Ort für die Bürgerinnen und Bürger.

Daher freue ich mich sehr, dass sich unser Hauptbahnhof mit der Eröffnung des neuen Empfangsgebäudes in ein gestalterisch hochwertiges und offenes Entrée der Stadt verwandelt, das heutige und zukünftige Maßstäbe erfüllt.

Als attraktives Aushängeschild wird er zudem sowohl der Bedeutung der Stadt Münster als moderne und weltoffene Stadt wie auch der Deutschen Bahn als innovatives Verkehrsunternehmen und als Lokomotive fortschrittlicher Verkehrsdienstleistungen gerecht.

Nach der Modernisierung der Verkehrsstation erreichen wir jetzt mit dem neuen Empfangsgebäude den zweiten Meilenstein auf dem Weg zu einem großartigen ganzheitlichen Erscheinungsbild unseres Hauptbahnhofs. Mit den im kommenden Jahr beginnenden Arbeiten zur Neugestaltung der Ostseite des Hauptbahnhofs wird dieses Bild komplettiert.

Mit dem neuen Empfangsgebäude erhält Münster eine neue Visitenkarte. Das ist das Ergebnis einer intensiven und konstruktiven Zusammenarbeit von Deutsche Bahn AG und der Stadt. Dafür danke ich allen Verantwortlichen ganz ausdrücklich.

Markus Lewe
ist Oberbürgermeister der Stadt Münster

Liebe Leserin, lieber Leser,

das neue Empfangsgebäude des Hauptbahnhofs Münster (Westf) ist aus meiner Sicht ein bleibendes und sichtbares Geschenk der DB Station&Service AG für die Stadt Münster und für alle unsere Kunden.

Der Umbau der Verkehrsstation in den vergangenen Jahren hat dazu bereits den ersten Grundstein gelegt. Nun folgt mit der Fertigstellung des Empfangsgebäudes der fortschrittliche Ausdruck des Gesamtpakets Bahnhof als Beginn einer neuen Ära von Kundennähe und digitalisierter Dienstleistung sowie einem damit verbundenen neuen „Eingangstor" zur Innenstadt von Münster. Insbesondere dem leider inzwischen verstorbenen DB-Architekten Marc Ulrich gilt zu dieser mutigen Planung ein ganz besonderer Dank.

Ich freue mich für unsere Reisenden und Besucher hier vor Ort sowie auch für unsere Mitarbeiter trotz der längeren Bauzeit und den damit verbundenen Umwegen nunmehr eines der modernsten Bahnhofsgebäude in Deutschland nutzen zu dürfen.

Viele Innovationen und inzwischen digitale Service-Dienstleistungen sowie ein spürbarer Wohlfühlfaktor werden dazu beitragen, den Bahnhof in Münster als Mobilitätsdrehscheibe im Münsterland und in NRW zu schätzen. Ihnen allen jederzeit ein herzliches Willkommen.

Michael Jansen ist Leiter des Bahnhofsmanagements im Hauptbahnhof Münster (Westf)

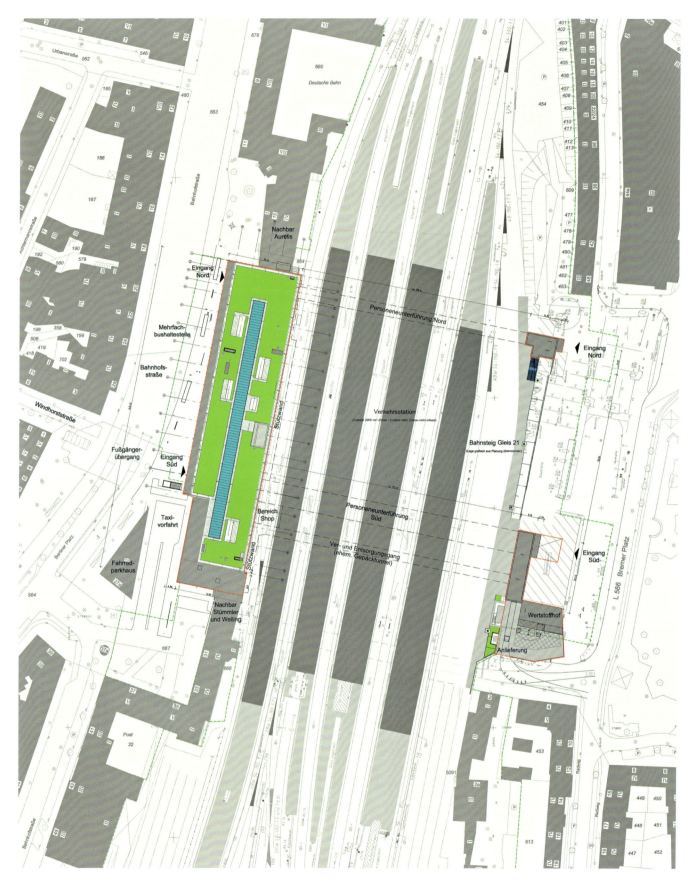

Der Lageplan des Hauptbahnhofs mit dem neuen Empfangsgebäude in einer Draufsicht.

Das „Directionsgebäude" Münster um 1890. Der Bau an der Ecke Bahnhof-/Wolbecker Straße steht bis in die Gegenwart, ist aber kaum noch wiederzuerkennen.

Der Hauptbahnhof Münster – ein Stern im Norden
.... Wolfgang Fiegenbaum

Schaut man sich Münster auf einer Eisenbahnkarte an, dann erblickt man einen Stern mit neun Linien, die vom Münsteraner Hauptbahnhof ausgehend fast gleichmäßig ins Umland ausstrahlen. Das gibt es so nirgendwo sonst in Deutschland. Die sehr wenigen Städte, von denen neun oder mehr Eisenbahnstrecken ausgehen, haben entweder keinen echten Kern oder ihre Strecken vereinigen bzw. trennen sich erst weit außerhalb vor den Toren der Stadt.

Das Zentrum dieses Münsteraner Eisenbahnsterns ist der Hauptbahnhof, dessen nun schon fünftes Empfangsgebäude am 24. Juni 2017 feierlich eröffnet wurde. Auf den folgenden Seiten werden wir uns den vier – oder waren es doch fünf? – Vorgängerbauten widmen und auch die Geschichte des zwischen 1848 und 1928 eröffneten Eisenbahnsterns erzählen.

Alles begann damit, dass die Cöln-Mindener Eisenbahn-Gesellschaft (CME) als erste Bahn der Region partout ihre Bahnlinie nicht über Münster bauen wollte. In manchen heutigen Berichten wird für diesen Umstand die konservative Rückständigkeit der Münsteraner verantwortlich gemacht, die angeblich keine Eisenbahn haben wollten.

Die CME sollte und wollte allerdings primär die niederländischen Rheinzölle umgehen, indem sie der Rheinschifffahrt quasi einen Meereszugang im Gebiet des Deutschen Bundes über die Weser bei Minden vermitteln wollte. Diese ansonsten wenig verständliche Linie zwischen Cöln und Minden wurde möglichst billig über Duisburg – Oberhausen – Gelsenkirchen – Dortmund und Hamm als „Holland-Umgehungsbahn" gebaut und 1847 durchgehend eröffnet. Ließ die CME schon aus Kostengründen sogar die lukrativen Zechen des südlichen Ruhrgebietes links liegen, so war natürlich ein viel teurer nördlicher Schlenker über Münster erst recht illusorisch.

Der erste Bahnhof Münsters (Bildmitte) in einem zeitgenössischen Stich. Direkt rechts an das Gebäude anschließend, der Flügel des Bahnhofs, der heute die Bahnhofstraße sperren würde.

Münster war schockiert und man sann auf Abhilfe. Hauptsächlich durch die Initiative des Münsteraner Bürgertums unter der Führung des Oberbürgermeisters Johann Hermann Hüffer (1784 – 1855) wurde schon am 4. Februar 1844 ein Aufruf zur Aktienzeichnung für eine „Münster-Hammer Eisenbahn-Gesellschaft" veröffentlicht. Es dauerte nur neun Tage bis alle Aktien gezeichnet waren. Soviel zum mangelnden Interesse der Münsteraner an einer Eisenbahn.

Gut vier Jahre später, am 25. Mai 1848, fuhr der erste Zug von Münster nach Hamm. Der Fahrplan sah vier Zugpaare vor (heute sind es auf dieser Strecke 52). Im ersten Jahr nutzten 132.707 Personen dieses Angebot auf der ersten Münsteraner Eisenbahnstrecke ①. Deren Bahnhofsgebäude in Münster war am Eröffnungstag noch nicht fertig und stand direkt südlich der heutigen Haupthalle der früheren Bundesbahndirektion. Ein Quertrakt dieses ersten Bahnhofs würde – wenn er noch stünde – die Bahnhofstraße etwa auf Höhe der heutigen Urbanstraße vollständig sperren.

1848 hatte der preußische Staat mehr oder weniger unfreiwillig die im Bau befindliche Strecke (Kassel –) Warburg – Lippstadt – Hamm übernehmen müssen, weil die dort bauende Bahngesellschaft in Konkurs gegangen war. Dadurch entstand als sogenannte Westfälische Eisenbahn eine der ältesten Staatsbahnen Preußens, das anfänglich voll auf den Bau von Privatbahnen gesetzt hatte.

Gleichzeitig hatte das Königreich Hannover seine Westbahn von Hannover über Osnabrück und Rheine nach Emden als

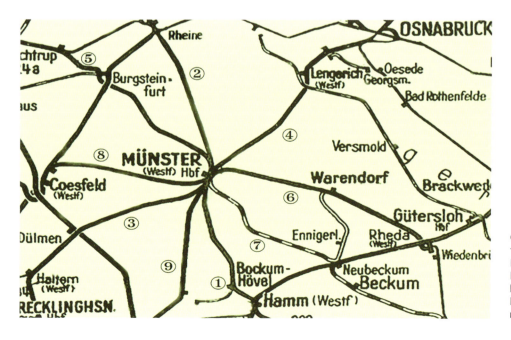

Gleich einem neunzackigen Stern führen die Eisenbahnstrecken vom Hauptbahnhof Münster in alle Himmelsrichtungen. Die Ziffern bezeichnen die Reihenfolge der Inbetriebnahme (im Text als ① bis ⑨ markiert).

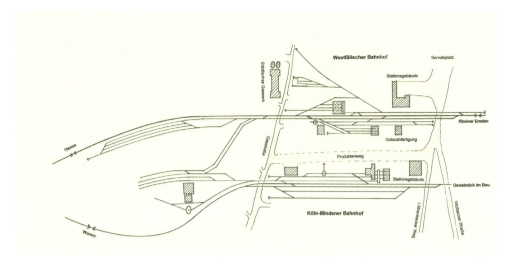

Rechts: Eine Systemskizze der Münsteraner Bahnhöfe um 1870 von Alfred Gneist.

Unten rechts: Der erste Fahrplan der Münster-Hammer Eisenbahn (MHE) von 1848.

Staatsbahn gebaut. Nun kam Preußen auf die naheliegende Idee, Hamm über Münster mit Rheine zu verbinden, wobei die private Münster-Hammer Eisenbahn-Gesellschaft das Mittelglied der Gesamtstrecke Kassel – Emden bilden sollte. Preußen zahlte einen guten Preis an deren Aktionäre und Münster erhielt so als zweite Eisenbahn ② die am 23. Juni 1856 eröffnete Strecke nach Rheine.

Nach der Übernahme der Strecke Münster – Hamm durch den Staat zum 5. Juni 1855 musste man übrigens große Teile der Strecke völlig erneuern, weil die Münsteraner wohl doch etwas zu billig gebaut hatten. Einen neuen Bahnhof in Münster brauchte man dagegen nicht, weil man den alten – etwas erweitert – weiterhin benutzte.

Ein lang andauernder Segen für Münster war insbesondere, dass die preußische Bahndirektion der Westfälischen Eisenbahn zum 1. Juli 1855 von Paderborn nach Münster umzog, wo sie die Tradition preußischer Mittelbehörden in dieser Stadt im Prinzip noch bis 1974 fortsetzen konnte.

Knapp 15 Jahre herrschte nun in Münster Ruhe an der Eisenbahnfront. Dann taten sich aus damaliger Sicht erneut große Dinge: Preußen hatte 1866 das Königreich Hannover annektiert und 1871 Frankreich besiegt. Im gleichen Jahr war – ausgerechnet in Versailles – Wilhelm I. zum neuen Kaiser des frisch gegründeten Deutschen Reiches gekrönt worden. Angesichts dieser als großartig erlebten Zeiten und angesichts der fünf Milliarden Goldfranken, die Frankreich an das Deutsche Reich zahlen musste, wuchs die Wirtschaft im neuen Deutschen Reich so schnell wie selten zuvor.

Für Münster bedeuteten die genannten Umstände, dass die schon erwähnte Cöln-Mindener Eisenbahn (nun befreit von der Blockade durch das nicht mehr existierende Königreich Hannover) endlich eine direkte Fernverbindung von ihrer Stammstrecke im Ruhrgebiet bei Wanne auf möglichst geradlinigem Weg über Münster, Osnabrück und Bremen nach Hamburg bauen konnte. In diesem Paket war auch noch eine Zweigbahn von Haltern nach Venlo für den direkten Verkehr mit Paris und London enthalten.

Trotz der enormen Kosten für diese Strecken – u.a. für den Tunnel bei Lengerich und die vier großen Strombrücken über den Rhein (bei Wesel), die Weser (bei Bremen) und die Norder- und Süderelbe (bei Hamburg) – war das Unternehmen ein großer wirtschaftlicher Erfolg. Zumindest die Hauptlinie von Wanne (-Eickel) nach Hamburg ist auch heute noch eine der wichtigsten Hauptbahnen

Das "Directionsgebäude" Münster nach 1890. Es entstand aus dem ersten Bahnhof der Stadt.

im deutschen Streckennetz und hat die Erwartungen der CME-Aktionäre bis zur Verstaatlichung im Jahre 1879 durch Preußen niemals enttäuscht.

In Münster erhielt die CME einen eigenen (nunmehr den zweiten) Bahnhof östlich des Bahnhofs der Westfälischen Eisenbahn. Von der Stadt her war er nur nach ebenerdiger Überquerung der Bahnlinie Münster – Rheine aus erreichbar. Über diesen nicht sehr repräsentativen Bau ist leider nur sehr wenig bekannt und es existieren auch keinerlei Bilder von ihm. Dennoch konnte der Münsteraner fortan von dort aus zum Teil direkte Züge nach Köln, Hamburg, Paris und Vlissingen (Fähre nach London) besteigen, was schon etwas anderes war als nach Emden, Paderborn oder Kassel. Der Verkehr auf dieser dritten Bahnlinie ③ nach Wanne (heute Wanne-Eickel Hbf) startete am 1. Januar 1870. Am 1. September 1871 ging es dann auf der vierten Strecke ④ ab Münster weiter bis Osnabrück. Hamburg wurde schließlich am 15. Mai 1873 erreicht.

Spätestens mit dem Wiener Börsenkrach vom 9. Mai 1873 und der nachfolgenden ersten großen globalen Wirtschaftskrise endete das sogenannte „Gründerfieber". Zahlreiche z. T. erst kurz zuvor gegründete Firmen und Eisenbahnunternehmen gingen in Konkurs. In Münster betraf das z. B. die Münster-Enscheder Eisenbahn-Gesellschaft (MEE), die ab 1872 damit begonnen hatte, eine Transitstrecke für den Hollandverkehr von Enschede über Gronau nach Münster (und darüber hinaus) zu bauen. Der Bau konnte 1875 nur durch Übernahme des Projektes durch den Staat vollendet werden, womit Münster nun schon seine fünfte Eisenbahnstrecke ⑤ erhielt. Ein ursprünglich geplanter eigener Endbahnhof in Münster für diese am 30. September 1875 eröffnete Bahn war nicht mehr notwendig, weil man durch die neue Konstellation nun den Staatsbahnhof – also den erweiterten ersten der Stadt – mitbenutzen konnte.

Die sechste ⑥ und achte ⑧ Bahnlinie Münsters folgten einem völlig anderen Ansatz: Das deutsche Hauptstreckennetz war um 1880 weitgehend fertiggestellt und Preußen und die anderen Länder bauten nun zunehmend Nebenbahnen, die eine rein lokale Erschließungsfunktion hatten.

Ab dem 10. Februar 1887 konnte man von Münster nach Warendorf fahren (später verlängert bis Lippstadt) und ab dem 1. Mai 1908 (Teilstrecken schon früher) von Münster nach Coesfeld (ursprünglich bis Empel-Rees).

Auch wenn der preußische Staat mit diesen beiden Bahnen sicherlich keine Reichtümer einfahren konnte, achtete er dennoch darauf, dass eine gewisse Wirtschaftlichkeit zu erwarten war. War die nicht sicher zu realisieren, so hatte er noch eine andere Option im Köcher, die bei der siebten Bahnlinie ⑦ ab Münster zum Tragen kam: „Interessenten" an einer Bahnlinie – und das konnten Gemeinden, Städte, Firmen oder Kommunalverbände und Kreise sein – durften unter strengen Bedingungen auch selbst Eisenbahnen bauen.

So eröffnete am 1. Oktober 1903 die Westfälische Landes-Eisenbahn (WLE) ihre Strecke nach Neubeckum, die schon zuvor von dort bis nach Warstein errichtet worden war. Zu den strengen Bedingungen gehörte u. a., dass solche Bahnen in der Regel keinen Zugang zu den Staats-

Ein Blick in die Bahnhofstraße in einer kolorierten Ansichtskarte um 1910. Links von vorne nach hinten das neue Directionsgebäude, und sein Vorgänger, der gleichzeitig der erste Bahnhof Münsters war. Der neue Bahnhof wird hier durch seinen Vorgängerbau verdeckt.

Unten rechts: Der Raschdorff-Bahnhof mit seinen charakteristischen Türmchen in einer schönen Fotografie aus der Zeit um 1910. Ein erstes Automobil steht am Straßenrand.

bahnhöfen erhielten. Die WLE musste deshalb ihren Endbahnhof Münster Ost weitab vom Hauptbahnhof an der Ecke der heutigen Hafenstraße/Albersloher Weg errichten (heute ein Parkplatz). Erst 1949 wurden die Züge der WLE über eine neugebaute Rampe an das ebenfalls neue Bahnsteiggleis 21 im Münsteraner Hauptbahnhof herangeführt. Erbaut worden war die WLE in erster Linie vom Provinzialverband Westfalen, der nach dem Zweiten Weltkrieg in „Landschaftsverband Westfalen-Lippe" umfirmiert wurde. Heute gehört die WLE den Kreisen Soest und Warendorf, den Stadtwerken Münster sowie sieben Anliegerkommunen.

Wir sind den Dingen ein wenig vorausgeeilt, denn bereits mit der 1879 erfolgten Verstaatlichung der Cöln-Mindener Eisenbahn (CME), eine der für ihre Aktionäre attraktivsten Bahnen überhaupt, boten sich ab 1880 für die nun allein zuständige Preußische Staatsbahn ganz neue Möglichkeiten für einen Bahnhof aus einem Guss, statt der bisherigen zwei nebeneinanderliegenden.

Als Bauplatz für diesen neuen „Centralbahnhof" wählte man den auch heute noch genutzten Standort etwas südlich der beiden alten Bahnhöfe, wobei man gleichzeitig das Gelände aufschüttete, um die ebenerdigen Kreuzungen der Bahnen mit den städtischen Straßen durch Brücken ersetzen zu können. Die heute noch vorhandenen Originalbrücken über die Stolbergstraße, Warendorfer Straße, Wolbecker Straße und Hafenstraße stehen alle schon seit 1890 im Dienst – also seit mehr als 125 Jahren. Die bisher auf der heutigen Piusallee verlaufende Strecke nach Rheine wurde damals gleichzeitig weiter östlich parallel zur Osnabrücker Strecke verlegt, um den städtebaulich kaum nutzbaren Zwickel zwischen beiden Strecken zu vermeiden.

Zur Stadtseite hin entstand in der Verlängerung der heutigen Windthorststraße ein ziemlich aufwändig gestaltetes Empfangsgebäude, dessen Haupthalle nach Osten hin in den ebenfalls neugebauten Bahnsteigtunnel mündete. Einen Ostausgang gab es dort aber erst seit 1995. Architekt des neuen Gebäudes war der namhafte Baukünstler Julius Carl Raschdorff (1823 – 1914), dessen heute wohl bekanntestes Gebäude der Berliner Dom (erbaut 1894 – 1905) ist. Raschdorff orientierte sich architektonisch vor allem an den Formen der niederländischen Renaissance mit zahlreichen verspielten Details in Form von Türmchen, Bogenfenstern, Fahnenstangen, unterschiedlichen, z. T. weiß glasierten Mauersteinen usw.

Lebendige Geschäftigkeit herrscht um 1930 vor dem eben umgebauten Bahnhof. Nun trägt er erstmalig den Titel Hauptbahnhof. Münster besaß zwischen 1901 und 1954 einmal eine Straßenbahn.

Um einen größeren Bahnhofsvorplatz zu erhalten, hatte man das neue Empfangsgebäude nicht nur nach Süden sondern auch einige Meter nach Osten verlegt, sodass die drei neuen Bahnsteige nunmehr hauptsächlich auf dem Gelände der früheren CME-Gleisanlagen lagen. Die Hauptzufahrt aus der Stadt zum neuen (nunmehr dritten) Bahnhof erfolgte über die Salzstraße, den Servatiiplatz und die heutige Bahnhofstraße. Anfangs war letztere noch durch den Westflügel des ersten Bahnhofs gesperrt (siehe oben), der jedoch bald nach seinem Abriss spiegelverkehrt als Ostflügel in Richtung Gleisanlagen wieder aufgebaut wurde.

Der erste planmäßige Zug fuhr am Morgen des 1. Oktobers 1890 in die neue große dreischiffige Bahnsteighalle aus Stahl und Glas ein, nachdem schon am Abend zuvor zahlreiche Münsteraner vergeblich auf den fälschlich für 22 Uhr angekündigten ersten Zug gewartet hatten. Das alte bzw. erste Empfangsgebäude wurde nach dem bereits erwähnten Umbau als Verwaltungsgebäude der Bahn genutzt und bildete den ersten Keim für die spätere Reichs- bzw. Bundesbahndirektion.

Auch in anderen Bereichen des Bahnhofs gab es gravierende Veränderungen: So entstanden rechts und links der in zwei Unterführungen unter den Bahnen hindurchgeführten Hafenstraße der neue Güterbahnhof (südlich der Hafenstraße) und der neue Lokomotivschuppen (nördlich). Der auf der Ostseite des neuen Bahnhofs gebaute Wasserturm versorgte jahrzehntelang die Dampflokomotiven mit Wasser, und neben dem Hauptpersonentunnel gab es je einen Gepäck- und Posttunnel mit Aufzügen zu allen Bahnsteigen.

Die neuen Anlagen erfüllten etwa 15 Jahre lang alle Anforderungen, bis im Jahre 1907 ein weiterer Personentunnel im Norden des Bahnhofs eröffnet werden konnte (eigenes kleines Empfangsgebäude seit 1910). Dieser Tunnel besaß bis 1930 nur Zugang nach Westen zur Innenstadt und konnte auch danach nicht als Durchgang für die Bewohner des Hansaviertels als Abkürzung zur Innenstadt genutzt werden, da dafür jedes Mal der Kauf einer Bahnsteigkarte erforderlich gewesen wäre.

Immerhin hatte man als Verbindung zwischen Hansaviertel und Innenstadt im Jahre 1913 endlich den neuen Hamburger Tunnel eröffnen können, der schließlich sogar während der Bauzeit des neuesten Bahnhofs bis 2017 als Hauptzugang von der Stadt zu den Bahnsteigen diente.

Die nächste Phase größerer Veränderungen im Bahnknoten Münster folgte in den schwierigen Jahren nach dem Ersten Weltkrieg. Nach teilweise chaotischen Verkehrsengpässen um 1910, bei denen z. B. der gesamte Eisenbahnverkehr im Ruhrgebiet für Tage zum Erliegen kam, hatte man beschlossen, die wichtige Achse (Seehäfen –) Osnabrück – Münster – Ruhrgebiet viergleisig auszubauen. Zuständig für diesen Ausbau waren ab 1. April 1920 die in der neuen Weimarer Verfassung festgeschriebenen „Reichseisenbahnen", die die Länderbahnen Preußens (und anderer Länder) ab diesem Datum abgelöst hatten. Die Reichseisenbahnen firmierten bis zu ihrer Auflösung im Westen Deutschlands im Jahre 1949 nacheinander als „Deutsche Reichsbahn", dann als „Deutsche Reichsbahn-Gesellschaft" und ab 1937 wieder als „Deutsche Reichsbahn".

Der Plan für den viergleisigen Ausbau sah vor: Von Osnabrück bis nördlich von Münster sollten zwei Gleise neben die alte Strecke gelegt, um Münster herum eine zweigleisige Umgehungsbahn gebaut und nach Dortmund eine neue zweigleisige Strecke errichtet werden. Nur manches davon wurde Realität, wie der zweite Lengericher Tunnel, ein Teil der Umgehungsbahn und die bis heute nur eingleisige Dortmunder Strecke. Für letztere – die neunte ab Münster ⑨ – wurde ein neuer Bahnsteig (heute Gleis 14/17) im Hauptbahnhof gebaut. Strecke und Bahnsteig konnten am 18. Oktober 1928 eröffnet werden.

Unter anderem für den Katholikentag 1930 in Münster und die damit verbundenen Verkehrsbelastungen schien der bisherige Hauptbahnhof von Raschdorff den Verantwortlichen nicht mehr zeitgemäß. Das bezog sich sowohl auf die nicht mehr ausreichenden Kapazitäten, als auch auf den völlig aus der Mode gekommenen Baustil. Da das Geld knapp war, entschied man sich gegen einen Neubau und für einen Umbau des alten Gebäudes, das danach kaum mehr wiederzuerkennen war. Dem nüchternen Zeitgeist der Moderne folgend hatte man allen Zierrat und alle Türmchen entfernt, aber die Grundstruktur des Gebäudes erhalten. Wenn man Bilder aus der Zeit vor dem Umbau mit solchen aus der Zeit danach vergleicht, wird man viele Einzelheiten, wie z. B. die großen Rundbogenfenster oder die zahlreichen glasierten hellen Mauersteine des Gebäudes wiedererkennen. Mit dem Umbau wurde erstmalig auch ein im Bahnhofsgebäude liegender Verbindungsgang zwischen den beiden Schalterhallen des Haupt- und des Nordtunnels geschaffen, der noch bis vor wenigen Jahren ein etwas schmuddeliges und

Nur noch das große Rundbogenfenster und die helle Bänderung in der Klinkerfassade erinnern daran, dass beträchtliche Teile der Bahnhofsarchitektur auch nach dessen Umbau von 1930 erhalten geblieben sind. Die Fotografie stammt aus dem Jahr 1935.

Erinnerung an ein finsteres Kapitel Bahnhofsgeschichte. Zwischen Dezember 1941 und Juli 1942 wurden Münsteraner Juden mit Deportationszügen in die Vernichtungslager im Osten deportiert. Nur wenige überlebten.

Seite 19 oben: Nach Ende des Zweiten Weltkrieges und der Enttrümmerung der Flächen offenbarte sich das wahre Ausmaß der Zerstörung auch am Hauptbahnhof. Die Fotografie von 1950 zeigt die Ruine der Haupthalle aus Richtung Süden.

schlecht beleuchtetes Charakteristikum des Münsteraner Hauptbahnhofs bildete.

Von der wesentlichen Bausubstanz des Jahres 1890 her war das Gebäude also demnach immer noch das dritte Empfangsgebäude vor Ort. Neu war allerdings der Name dieses Bahnhofs: Ab 15. Mai 1930 hieß er erstmalig offiziell Münster Hauptbahnhof.

Mit der Machtergreifung der Nationalsozialisten am 1. Januar 1933 begann die finsterste Epoche der Münsteraner Bahnhofsgeschichte. Der wohl größte Tiefpunkt dieses Dramas war der 13. Dezember 1941, als mit dem ersten Deportationszug über 1000 Juden vom Münsteraner Güterbahnhof an der Hafenstraße nach Riga verschleppt wurden. Drei weitere dieser Züge folgten bis zum 31. Juli 1942. Nur wenige der Deportierten überlebten.

Bis auf kleine Reste im Norden des Empfangsgebäudes ging der dritte (oder – je nach Blickwinkel – auch vierte) Bau im Bombenhagel des Zweiten Weltkrieges fast vollständig unter. Die von der am 7. September 1949 gegründeten Deutschen Bundesbahn für alle ihre Empfangsgebäude ermittelte Zerstörungsquote lag für Münster Hauptbahnhof bei 80,4 Prozent. Übrig blieben nur einige – von der Stadtseite her später verdeckte – Reste, die erst 1930 entstanden waren und die man nur vom ersten Bahnsteig aus noch bis Anfang 2015 sehen konnte.

Erst rund zehn Jahre nach Kriegsende konnte das nunmehr vierte Empfangsgebäude in Münster in mehreren Bauetappen eröffnet werden. Die große kubische Glashalle mit Pultdach des Empfangsgebäudes und die daran anschließenden Neubauten bis zur neuen Post am Hamburger Tunnel bzw. bis zum Direktionsgebäude an der Wolbecker Straße bildeten nun ein harmonisches Gesamtensemble im typischen Stil der 1950er-Jahre. Zwar entbehrte es ein wenig des „Nierentisch"-Charmes zeitgleicher Bahnhofsneubauten wie Bochum oder Solingen,

Ein anderer Aspekt des Krieges war die Verschickung von Großstadtkindern aufs Land, um ihnen die Bombennächte in der Stadt zu ersparen. In der Aufnahme von 1942 ist neben der Abreise eines Zuges mit Münsteraner Kindern auch die schöne und zu diesem Zeitpunkt noch unversehrte Architektur der Bahnsteighallen dokumentiert.

schuf aber dennoch zwischen 1954 und 1959 eine moderne und angesichts der gewaltigen Baufront gut gegliederte Fassade zur Innenstadt. Altbauteile wie die Reste des Empfangsgebäudes von 1930 oder der bis 1904 erbaute nördliche Block der Direktion an der Ecke Bahnhofstraße/Wolbecker Straße wurden unter der Gesamtleitung von Theodor Dierksmeier (1908 – 1979) fassadenmäßig auf 1955 getrimmt. Beim letztgenannten Gebäude (siehe Seite 11) muss man schon sehr genau die großen Geschosshöhen registrieren oder in den unveränderten Innenhof gehen, um zu erkennen, dass dieser Großbau schon über 110 Jahre alt ist.

Feierlichkeit inmitten von Ruinen. Auf dem heutigen Bahnsteig 21 spielt 1949 eine Blaskapelle auf. Anlass ist die Inbetriebnahme des Bahnsteiggleises für die Züge der Westfälischen Landes-Eisenbahn (WLE). Der Blick geht Richtung Hansaviertel.

Mit Alt mach Neu. Die Fotoaufnahme von der Bahnsteigseite aus dem Jahr 1950 zeigt die Vorgehensweise beim Wiederaufbau. Brauchbare Teile der alten Architektur wurden in die neue Bausubstanz integriert.

Seite 21 oben: Mitte der 1960er Jahren präsentiert sich das fertiggestellte Bahnhofsensemble von der Stadtseite aus mit Bahnhofsgaststätte und Café (links), großem Saal der Gaststätte (hinten), Empfangshalle sowie Verwaltungstrakt (rechts) mit erstaunlich wenig Individualverkehr.

Gut ein Jahrzehnt nach dem Bahnhofsneubau gab es in Münster einen weiteren gravierenden Wandel: Die seit 1848 allein dominierende Dampflok musste fast vollständig weichen, als von 1966 bis 1972 die fünf wichtigsten Strecken nach Hamm, Dortmund, Wanne-Eickel, Rheine und Osnabrück elektrifiziert wurden. Schon seit den 1930er-Jahren des vorigen Jahrhunderts gab es zudem erste Dieselfahrzeuge in Münster zu bewundern, wie insbesondere die ab Oktober 1935 eingesetzten 160 km/h schnellen Dieseltriebwagen zwischen Köln und Hamburg („Fliegender Kölner" bzw. „Hamburger") oder sogenannte Kleinlokomotiven für den örtlichen Rangierdienst.

Lange wurde in Münster darüber diskutiert, ob man den um das Jahr 2000 doch etwas in die Jahre gekommenen vierten Münsteraner Bahnhof modernisieren oder doch einen Neubau wagen solle. Das Ergebnis ist bekannt und wird auf den folgenden Seiten über den nun fünften Münsteraner Bahnhof noch ausführlich vorgestellt. Bemerkenswert ist dabei aus der Sicht der Geschichte, dass man auch diesmal wieder Teile seines Vorgängers – nämlich den südlichen Trakt zwischen Haupthalle und Hamburger Tunnel – weiterverwendet hat. In diesem Fall war es nicht die Not nach 1945, die dazu zwang, alte Bauteile zu nutzen (und zu kaschieren), sondern der Wille, einen Teil des 1950er-Jahre-Ensembles zu erhalten.

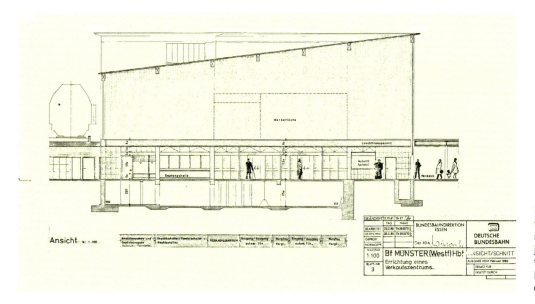

Der Schnitt durch die Empfangshalle als Originalzeichnung von 1960. Bis zum Jahreswechsel 2014/2015 führte der tägliche Weg tausender Münsteraner zum Zug oder in die Stadt durch diese Halle.

Oft war auf diesen Seiten von Staats- und Privatbahnen die Rede, wobei zwischen 1848 und 1855 allein die privaten, von 1855 bis 1870 staatliche, von 1870 bis 1879 staatliche und private und von 1879 bis 1949 nur staatliche Bahnen das Sagen in Münster hatten. Von 1949 bis 1975 kam schließlich die Westfälische Landes-Eisenbahn (WLE) in den Hauptbahnhof. Diese war im Besitz von Regionalkörperschaften bzw. von Kommunen und damit natürlich letztlich auch staatlich.

Nach der Stilllegung der WLE im Personenverkehr zum 27. September 1975 sorgte bis zum 31. Dezember 1993 wieder allein die Staatsbahn in Gestalt der Deutschen Bundesbahn für den Betrieb im Münsteraner Hauptbahnhof. Im nächsten Jahr kam die Bahnreform und mit ihr der freie Netzzugang für jedes Eisenbahnverkehrsunternehmen (EVU) auf allen Strecken aller Eisenbahninfrastrukturunternehmen (EIU). Damit wurde der Besitz einer Eisenbahnstrecke (EIU) völlig von dem auf ihr fahrenden Zugbetreiber (EVU) losgelöst.

Seither fahren zunehmend auch nicht DB-rote Züge in Münster, die vom Publikum meistens als „Privatbahnen" bezeichnet werden. Sie gehören allerdings z. B. im Falle Münsters überwiegend den Staatsbahnen Frankreichs und der Niederlande, während im Gegenzug die DB AG in

Nur wer aufmerksam von der Bahnsteigseite aus die Architektur des Hauptbahnhofs betrachtete, konnte feststellen, dass Teile des Umbaus von 1930 in die Nachkriegsarchitektur des Wiederaufbaus integriert worden sind. Die unterschiedlichen Geschosshöhen und der etwas dunklere Farbton der Klinker verrieten es (Foto von 2014).

Hauptverkehrsachse Hamburger Tunnel. Während der Bauphase des neuen Hauptbahnhofs wurde der Hamburger Tunnel der direkteste Zugang von der Stadtseite zu den Bahnsteigen. Unübersehbar mahnte das digitale Display am Tunneleingang Radfahrer und Fußgänger gleichermaßen zur gegenseitigen Rücksichtnahme (Foto 2016).

vielen anderen europäischen Ländern Verkehre durch die im Nahverkehr heute obligaten Ausschreibungen gewonnen hat. Dieses kaum bekannte Phänomen der sogenannten „cross-border nationalisation" hat den Staatsanteil bei Bahnen (aber auch in vielen anderen liberalisierten Bereichen) in den letzten Jahren wieder deutlich erhöht, obwohl man doch mit der Bahnreform von 1994 eigentlich das Gegenteil erreichen wollte.

Ein letzter Blick auf Münsters Bahnen soll in die Zukunft gehen: Diskutiert – und wirklich dringend erforderlich – ist der zweigleisige Ausbau der IC-Hauptstrecke nach Dortmund. Ebenfalls im Gespräch ist die Wiedereröffnung der WLE-Strecke für den Personenverkehr und die Elektrifizierung der Strecke nach Enschede.

Daneben hält Münster noch einen kaum bekannten einsamen Rekord in Deutschland: Von 79 Großstädten bundesweit steht sie nach der Einwohnerzahl auf dem Rangplatz 20. Damit ist Münster die mit Abstand größte Stadt in Deutschland, die kein das Eisenbahnnetz ergänzendes Schienensystem für den innerstädtischen Verkehr aufweist (Stadtbahn, U-Bahn, S-Bahn oder Straßenbahn). Erst auf Rangplatz 29 findet sich mit Kiel die nächste Stadt mit diesem Merkmal.

Vielleicht können die Münsteranerinnen und Münsteraner diese „rote Laterne" einmal weiterreichen – der bereits vorhandene „Stern im Norden" bietet dafür jedenfalls ideale Voraussetzungen.

Die "Privaten" sorgen für ein buntes Bild. Ein "Flirt"-Triebwagen der Westfalenbahn wartet am 14. Dezember 2015 am Bahnsteig auf die Abfahrt, während im Hintergrund der Rohbau für den neuen Hauptbahnhof in den Himmel wächst.

Ein Luftbild aus dem Jahr 2013 mit dem visualisierten neuen Empfangsgebäude

Der neue Hauptbahnhof Münster (Westf)
.... Philipp Luy

In Zusammenarbeit mit der Stadt Münster entsteht seit Dezember 2014 ein neues Empfangsgebäude. Der neue Zugang auf der Westseite verbindet einen modernen Neubau mit einem Altbau aus den 1950er Jahren und bringt viele Verbesserungen für die Reisenden. Der folgende Text beschreibt den Entwurf des Empfangsgebäudes aus Sicht der Architekten.

Der Münsteraner Hauptbahnhof ist ein überregionaler Knotenpunkt auf der Nord-Süd-Achse zwischen den Hansestädten Bremen und Hamburg und dem Rhein- Ruhr-Gebiet. Die Gleise durchziehen Münster in Hochlage und bilden eine deutliche städtebauliche Zäsur. Dieser Bahndamm trennt die Stadtteile am Dortmund-Ems-Kanal und dem Viertel St. Mauritz auf der Ostseite von dem historischen Stadtkern mit Prinzipalmarkt, Dom und Rathaus auf der Westseite.

Im Bereich des Hauptbahnhofs verbinden zwei ebenerdige Personenunterführungen Ost- und Westseite. Treppen und Aufzüge führen auf die Bahnsteige. Schon in den 1930er Jahren wurde das seinerzeitige Empfangsgebäude in der Verbindung der beiden Unterführungen längs der Gleise verlängert und unmittelbar an das Gleisfeld gebaut. Das Empfangsgebäude verfügt durch die enge räumliche Situation zwischen Bahnhofstraße und Gleisfeld über keinen Vorplatz und reagiert deshalb im Inneren des Gebäudes auf diese Situation. So formulierte das letzte durch den damaligen Chefarchitekten der Deutschen Bundesbahn Theodor Dierksmeier geplante Empfangsgebäude aus den 1950er Jahren einen großen offenen Hof im Zentrum des Gebäudes. Dieser zur Stadtseite geöffnete Hof funktionierte nicht als öffentlicher Platz und die Innenflächen im Empfangsgebäude waren dunkel und schwer zu vermieten. Schon in den 1990er Jahren wurde über einen Abriss nachgedacht. Das Gebäude entsprach nicht mehr den Ansprüchen der Kunden an eine moderne Infrastruktur.

Der Innenraum im Endausbau in einer Zentralperspektive (Foto im Sommer 2017).

Nach mehreren erfolglosen Anläufen, ein neues Empfangsgebäude im Rahmen von Investorenmodellen zu realisieren, wurde – als Eigenentwicklung durch die interne Projektentwicklung der DB Station&Service geleitet – in Zusammenarbeit mit dem regionalen Bahnhofsmanagement ein neues Nutzungskonzept für den Bahnhof erarbeitet. 2008 begann die DB Station&Service AG unter dem damaligen Chefarchitekten Marc Ulrich eine Studie zur Entwicklung der Westseite.

Der Entwurf

Das neue Nutzungskonzept sieht ein Gebäude in der Verbindung der beiden Personenunterführungen vor, das in seiner Struktur längs zu den Gleisen wieder an die Struktur des Empfangsgebäudes der 1930er Jahre anknüpft und eine geschlossene Kante zur Bahnhofstraße ausbildet. Ausgangspunkt für den Entwurf des neuen Hauptbahnhofs in Münster war die Frage, wie der Zugang zu den Gleisen in einer Stadt wie Münster mit historischem Stadtkern und viel klassischer Architektur aussieht. Die Antwort besteht für die Architekten der Deutschen Bahn aus einer zeitgenössischen Interpretation der mittelalterlichen Raumfigur des Prinzipalmarktes als öffentlicher Raum im Inneren und einem modernen Gebäude mit viel Tageslicht und hohem Komfort für die Reisenden.

Das Empfangsgebäude auf der Westseite integriert als Neubau einen bestehenden Altbau aus den 1950er Jahren und erschließt alle Gebäudeteile über eine große Mittelhalle. Diese bildet das Herzstück des neuen Empfangsgebäudes und bietet spektakuläre Dimensionen: Die 13 Meter hohe Halle erstreckt sich über 120 Meter Länge und bildet einen großen überdachten öffentlichen Raum aus.

Die Stadtfassade des Neubaus ist als großflächige Glasfläche gedacht, die vielfältige Blickbeziehungen zwischen Stadt und Bahnhof ermöglicht. Das Gebäude soll transparent, durchlässig und einladend wirken. Die Eingänge sind sowohl im Norden als auch im Süden so gestaltet, dass Bezüge zwischen den Zügen auf Gleisebene und der

Blick aus der Windthorststraße in Richtung Haupteingang.

Stadt möglich sind. Die ein- und ausfahrenden Züge sind aus dem Stadtraum sichtbar und stellen einen Bezug zum System Bahn her – während der Übergang in die historische Altstadt von Münster auch von den Bahnsteigen über große Stadtfenster präsent bleibt. Auf der 150 Meter langen Gleisseite befinden sich Büro-, Sozial- und Lagerräume. Lange Fensterbänder belichten diese Räume und unterstreichen die besondere Länge des Baukörpers.

Im Erdgeschoss des bestehenden Gebäudes auf der Südseite sind die Bahn-Funktionen wie Reisezentrum, Schließfächer und DB Information untergebracht. Es entsteht für die Reisenden eine hochverdichtete Zone mit Bahn-Funktionen, ein deutschlandweites Novum mit Vorbildcharakter. Im ersten Obergeschoss befinden sich das Bahnhofsmanagement, weitere Büroflächen der Deutschen Bahn sowie extern vermietete Büroflächen.

Neben den Glasfassaden auf der Stadtseite wird die Haupthalle durch ein 90 Meter langes Oberlicht in 13 Meter Höhe belichtet. Hier befinden sich auch Sitzbän-

Detailansicht der Ostfassade Bahnsteigseite (Foto im Februar 2017).

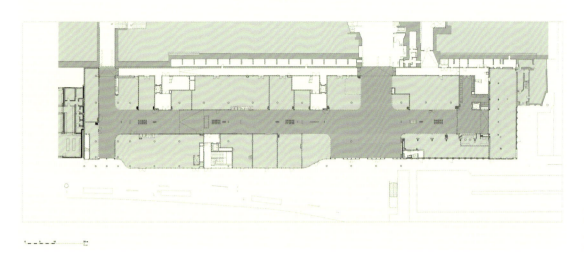

Grundriss des Erdgeschosses im neuen Empfangsgebäude.

ke für längere Aufenthalte der Reisenden im Bahnhof. Die offen gestalteten und vollständig verglasten Fassaden an den Eingängen bringen zusätzlich Licht in die öffentlichen Flächen der Halle. Der Entwurfsgedanke war hier einen lichtdurchfluteten öffentlichen Raum als Übergang zu den Gleisen zu schaffen und den fehlenden Vorplatz ins Gebäude zu ziehen.

Neben der Transparenz und den Durchblicken entspricht die Gestaltung des Empfangsgebäudes den Grundsätzen guter Orientierung, denn die Reisenden sollen sich intuitiv zurechtfinden können. Das Empfangsgebäude kommt mit einem Minimum an Wegeleitsystemen aus. Als zentrale Hauptachse verbindet die Mittelhalle sowohl den Übergang in die Personenunterführungen im Norden und im Süden als auch den Altbau mit den wesentlichen Bahn-Funktionen.

Zentraler Entwurfsgedanke ist, die beiden Ausgänge der Personenunterführungen Nord und Süd über eine Halle zu verbinden. Die Eingänge sind über große Innenräume mit Glasfassaden transparent und offen gestaltet. In den Obergeschossen werden die unterschiedlichen Gebäudeteile auf Gleis- und Stadtseite über Galerien und Brücken erschlossen. Das große Dach der Mittelhalle integriert den Altbau und bildet den Abschluss nach Süden in Richtung Berliner Platz. Im Norden schließt der Neubau an die bestehende Bebauung der Bahnhofstraße an. Somit definiert der Neubau zusammen mit dem bestehenden Teil eine 150 Meter lange Straßenflucht zur Stadtseite, die im Bereich des Neubaus von einem Vordach überspannt wird. Das Vordach formuliert eine einladende Geste zur Stadt. Die Glasfassade des Neubaus „schwingt" im Bereich der Eingänge zurück und markiert diese durch jeweils vier freistehende Stützen.

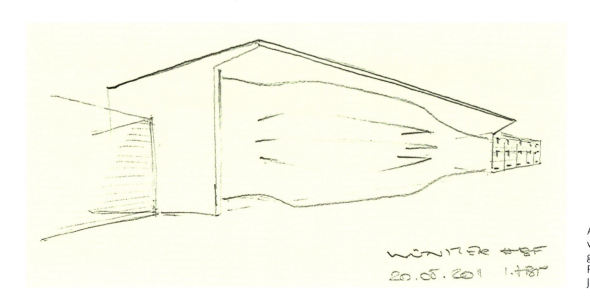

Architektur-Skizze von Marc Ulrich zur geschwungenen Fassade aus dem Jahr 2011.

Die neue Hauptfassade kurz vor der Fertigstellung (Foto im April 2017).

Der Fluss der Reisenden war definierender Parameter für den Entwurf des Gebäudes. Der Übergang zwischen der Stadt und den Gleisen soll so direkt und einfach wie möglich sein und kurze Wege ermöglichen: Der Bahnhof als modernes und funktionales Tor zur Stadt. Im Grundriss klar erkennbar sind alle durch die Reisenden genutzten Bereiche abgerundet und erleichtern den Verkehrsfluss durch das Empfangsgebäude.

Die Läden im Erdgeschoss und im ersten Obergeschoss sind für den Reisendenbedarf vorgesehen, die oberen Etagen werden als Büroflächen genutzt. Im zweiten Obergeschoss befinden sich zusätzlich Lagerflächen und Räume der Haustechnik. Die Konstruktion des Neubaus ist ein Stahlbetonskelettbau mit einem Stützenraster von 8.40 Meter. Diese Gebäudestruktur erlaubt unterschiedlichste Nutzungen und bildet eine flexible Basis für den

Die Fassade auf der Ostseite im Februar 2017. Blickrichtung Süd.

Der Blick nach Norden in die Mittelhalle (Foto im August 2017).

Innenausbau. Sollten beispielsweise Lagerflächen im 2. Obergeschoss nicht benutzt werden, ist es möglich, diese Flächen in Zukunft auszubauen. Das gilt für alle Vermietungsflächen im Haus – Die Flexibilität des Gebäudes erlaubt, Veränderungen im Vermarktungsmix schnell und unkompliziert umzusetzen.

Ein Liefergang an der Stützwand zu den Gleisen ermöglicht eine rückwärtige Anlieferung der Ladenflächen und fungiert als technisches Rückgrat des Neubaus. Hier werden neue Waren vom Strom der Reisenden unabhängig verteilt, hier liegen die Hauptverteilungen der Haustechnik und von hier aus werden die Ladeneinheiten beschickt.

Die Anlieferung und Entsorgung der 21 Mieteinheiten erfolgt über die Ostseite des Gleisfeldes. Ein parallel zu den Personenunterführungen verlaufender, ehemaliger Gepäcktunnel verbindet das Empfangsgebäude mit dem Wertstoffhof und der Anlieferung auf der Ostseite. Dieser wird in das geplante Neubauprojekt eines externen Investors auf der Ostseite integriert. Hier entstehen in den Erdgeschossen Flächen für den Einzelhandel und ein Fahrradparkhaus sowie in den oberen Geschossen Hotel- und Wohngebäude.

Zusammenfassung

Die Stadt Münster bekommt mit dem neuen Empfangsgebäude eine Aufwertung der Verkehrsinfrastruktur, die den Besuch der Stadt komfortabler macht. Die Reisenden können sich über ein Gebäude mit viel Tageslicht und kurzen Wegen freuen, das viele neue Perspektiven eröffnet. In seinem architektonischen Ausdruck zurückhaltend, verzichtet dieser Bahnhof auf große Gesten und bietet als modernes Gebäude einen zeitgemäßen Übergang in die historische Altstadt von Münster.

Zweimal Bahnhof Münster: Der nach seinem Architekten benannte Raschdorff-Bahnhof in zwei Postkartenansichten vor (oben, um 1910) und nach dem Umbau. Ihrer Türmchen und allem Zierrat entledigt, präsentiert sich die Architektur nun sachlich und nüchtern. Einzig die helle Bänderung in dunklem Klinker verrät, dass es sich um denselben Baukörper handelt. Nach dem Umbau trug der Bahnhof ab 1930 erstmalig den Titel „Hauptbahnhof" (unten, um 1930).

Die Bombardements des Zweiten Weltkrieges hinterließen zahlreiche Brachen rund um den Hauptbahnhof. Die beiden Fotos dieser Seite stammen aus der Zeit um 1950. Die Grundstücke an der Bahnhof- Ecke Hafenstraße sind enttrümmert, hier und da finden erste Erd- und Grundbauarbeiten statt und ebnen den Weg für die Neubauten.

Die Szenerie vom Bahnhofsplatz in den 1930er Jahren (Seite 30) steht in krassem Gegensatz zu den Nachkriegsbildern.

Rings um den Hauptbahnhof war nahezu alles zerstört. Die Fotografien von 1949 dokumentieren dies anschaulich. Dennoch gab es inmitten der Ruinenlandschaft Anlässe zum Feiern. Die vier Aufnahmen dieser Doppelseite entstanden anlässlich der Eröffnung des Bahnsteigs 21 für die Züge der Westfälischen Landes-Eisenbahn (WLE). Oben der geschmückte Eröffnungszug.

Dichtes Gedränge am Eröffnungszug auf dem Bahnsteig (links). Trotz der schweren Zeiten ließ sich die Münsteraner Bürgerschaft das Feiern nicht nehmen. Sogar historische Kostüme wurden aufgeboten.

Zur feierlichen Betriebsaufnahme waren auch die Honoratioren anwesend (oben). Die Kulisse für das Girlandentor und den Eröffnungszug, der seine Fahrt jeden Moment antreten wird, bildet der markante Wasserturm (rechts) und die Ruinen einiger Gebäude.

Zur Gründung der Neubauten wurden zahlreiche Bohrpfähle gesetzt. Das Bild oben zeigt das Betonieren eines solchen Pfahls (oben). In der Folgezeit wuchsen die Gebäude in die Höhe. Arbeiter beim Schütten eines Estrichs im ersten Stock des neuen Gebäudes (rechts).

Nach der Enttrümmerung beginnt Anfang der 1950er Jahre der Wiederaufbau. Die Fundamente für das neue Bahnhofsgebäude werden betoniert, während im Hauptbahnhof über dem Hamburger Tunnel der Eisenbahnbetrieb läuft (Seite 34).

Das mächtige Direktionsgebäude ist Anfang 1957 fertiggestellt. Auf der Bahnhofsbaustelle steht ein Baukran, während die Tage der Ladenzeile mit dem Café, dem Blumen- und dem Zigarrenladen nun gezählt sind (oben).

Blick über den Bahnsteig 4 im Jahr 1955 mit dem ausgeglasten Bahnsteigdach und dem alten Zugzielanzeiger (rechts). Schon bald wird die alte Halle den neuen Bahnsteigdächern weichen. Im Hintergrund gut zu erkennen: die Baustelle der neuen Bundesbahndirektion.

Schön zu sehen, wie die Fragmente alter Architektur in den Neubau integriert wurden. Einer der markanten Schmuckgiebel des alten Direktionsgebäudes ist noch deutlich erkennbar (Aufnahme Seite 36).

Seite 38: Im Vergleich zu den Zerstörungen am Bahnhofsgebäude und der umliegenden Bebauung hatte das Bahnsteigdach die Bombardements recht gut überstanden. Gleichwohl waren ihre Tage bereits gezählt. Der Bundesbahn-Fotograf nutzte die Gelegenheit, einige letzte Bestandsaufnahmen anzufertigen. Die Aufnahme zeigt den Bahnsteig 4.

Zeitgleich sind die neuen Betonbahnsteigdächer auf dem Nachbarbahnsteig bereits im Bau. Oben sind die Eisenbieger bei der Arbeit zu sehen. Im Bild unten ist am linken Bildrand das nach der Zerstörung provisorisch hergerichtete Empfangsgebäude gut zu erkennen, das zwei Jahre später in den Neubau integriert wurde. Die Fotografien stammen aus dem Jahr 1955.

Mehr als fünf Jahrzehnte war die Empfangshalle des Nachkriegsbaus für die Münsteranerinnen und Münsteraner ein fester Bestandteil auf dem Weg zum Zug. 1958, unmittelbar nach ihrer Fertigstellung, wirkte sie bei Tage etwas kahl. Noch fehlte das Vordach, um dessen Errrichtung es unter den Münsteranern angeregte Diskussionen gab (oben). Bei Nacht wies die Halle hell leuchtend den Weg zum neuen Bahnhof (Seite 40).

Seite 42/43: Einen schönen Überblick von Norden auf die Münsteraner Bahnsteige gibt die Aufnahme aus dem Jahr 1956. Drei der Bahnsteige besitzen bereits die neuen, geschwungenen Bahnsteigdächer. Der Bahnsteig 4 (hinten links) harrt noch der Erneuerung. Rechts der Schornstein des Heizwerkes. Als Fotostandpunkt wählte der Fotograf der Bundesbahndirektion Münster das neue Direktionsgebäude.

Seite 44/45: Blick über den Bahnhofsplatz um das Jahr 1965. Das Gebäudeensemble des Hauptbahnhofs ist nun vollständig. Die Empfangshalle hat mittlerweile auch ihr Vordach erhalten.

Winterbetrieb mit Stahlross. Die 01 187 an einem schneereichen Januartag 1968 vor einem Eilzug nach Rheine. Mit ihrem neuen Hochleistungskessel wirkte die Lokomotive nicht nur wie ein Kraftprotz, sie war auch einer. Auch diese schöne Aufnahme stammt von einem der Altmeister der Eisenbahnfotografie, Ludwig Rotthowe.

Seite 47: Auch am Abend des 21. November 1967 war Ludwig Rotthowe mit der Kamera zur Stelle, als die WLE-Lokomotive 0033 mit ihrem Personenzug am WLE-Bahnsteig noch auf Anschlussreisende wartete, bevor diese ihre Fahrt in Richtung Wolbeck oder Sendenhorst aufnahm.

Oben: Auch diese schöne Bahnsteigszene mit unterschiedlichstem Publikum aus dem Sommer 1965 verdanken wir Ludwig Rotthowe. Die Aufnahme erinnert an die heute fast vergessene Ära vor Erfindung des Rollkoffers.

Luxuriös wirken die gepflegten Reisezugwagen der Westfälischen Landes-Eisenbahn. Auf der offenen Bühne des Wagens 2023 hat Ludwig Rotthowe seine spätere Ehefrau Anneliese in dieser schönen Fotografie verewigt. Einmal mehr bildet der Wasserturm die Kulisse.

Nach der Aufnahme des elektrischen Betriebs im September 1966 verkehrten Richtung Osnabrück, Essen oder Hamm Elektrolokomotiven. Die schöne Bahnsteigszene zeigt neben den Reisenden auch einen Querschnitt durch die Mode der 1960er Jahre, die vom Pfeffer-und-Salz-Mantel bis zur Bommel-Strickmütze noch eher konservativ geprägt war.

Oben: Freudig begrüßt von Jung und Alt wurde im September 1966 die Jungfernfahrt zur Aufnahme des elektrischen Zugbetriebs. Der Fotograf der Bundesbahndirektion Münster hielt den Moment mit seiner Kamera fest.

Die blitzblanke und mit Girlanden geschmückte E 10 425 der Deutschen Bundesbahn mit dem Eröffnungszug bei der Einfahrt in den Hauptbahnhof (links).

Die Elektrolokomotiven der Baureihe E 04, später 104, gehörten zwischen 1968 und 1982 zum gewohnten Bild an den Münsteraner Bahnsteigen. Von den Eisenbahnern ihrer Herkunft aus München wegen liebevoll als „Bergziege" oder „Knödelloks" bezeichnet, versahen hier die Lokomotiven 104 017 bis 104 022 wacker ihren Dienst. Die stimmungsvolle Abendaufnahme der 104 019 von Ludwig Rotthowe (oben) erinnert trefflich an diese Lokomotiven.

Der festlich mit Girlanden geschmückte Eröffnungszug für den elektrischen Betrieb vor der Abfahrt nach Münster im Hauptbahnhof Düsseldorf.

Oben: Die Sommerterrasse fand regen Anklang – sicher nicht nur bei den Münsteranerinnen (1966). Im Hintergrund streben Bahnreisende der Haupthalle entgegen.

Seite 52: Die Bahnhofsgaststätte nach dem Wiederaufbau. Im Zuge der Umbauung des 1930 umgestalteten Raschdorff-Bahnhofs, erhielt die Gastronomie auch ein Café mit einer Sommerterrasse im typischen Stil der 1950er Jahre (links oben, Foto 1959). Die 1951 neu errichtete Gaststube wies ein wenig den Charme der 1930er Jahre auf (unten).

Die letzten Tage des alten Hauptbahnhofs. Alle Aufnahmen dieser Doppelseite zeigen den alten Hauptbahnhof im Herbst 2014. Die Empfangshalle ist bereits ihrer großen Werbetafeln entledigt. Noch eilen die Reisenden zu ihren Zügen.

Fahren und bauen. Unter "rollendem Rad" fand zwischen 2010 und 2012 die Sanierung der Bahnsteige bei laufendem Betrieb statt. Für Reisende und Personal eine Herausforderung gleichermaßen. So mancher ungewohnte Blick war möglich (Bild links, im August 2011).

Mit Stempeln und hydraulischen Pressen mussten die Dächer abgestützt werden, um neue Stützen errichten zu können, die Treppenabgänge zu erneuern und Fahrtreppen einzubauen (oben, im Januar 2011).

Auch Überraschendes trat zutage: Zum Beispiel der Fuß einer Stütze des alten Raschdorff-Bahnhofs aus den 1890er Jahren (im Bild unten, am rechten Bildrand).

Der alte Bahnhof beherbergte manch großen Raum im Inneren. Einer der größten war neben dem Saal der Bahnhofsgaststätte der Kinosaal. Die Fotografie oben vom September 2014 zeigt den entkernten Saal vor Abbruchbeginn. Links werden bereits die Stahlbetonträger der Dachkonstruktion herausgetrennt und mittels Autokran ausgebaut (20. Januar 2015). Wenige Tage darauf besteht der Saal nur mehr aus den nackten, ihn umgebenden Mauern, die in den Folgetagen abgerissen werden (29. Januar 2015).

Der alte Verbindungsgang zwischen Nord- und Südtunnel mit der bis zum Abbruch existierenden alten Coca-Cola-Werbung (rechts, am 1. September 2014).

Wenige Wochen später, am 4. Dezember 2014, ist der Abbruch in vollem Gange (Bild unten). Es ergeben sich täglich ungewöhnliche neue Perspektiven. Baggerlöffel und Longfront schaffen Fakten.

Platz schaffen für Neues. An Symbolik kaum zu überbieten war der Abbruch der Haupthalle am 25. Februar 2015. Zuletzt reichte ein kleiner Stoß mit dem Baggerlöffel, den Rest besorgte die Schwerkraft. Die Hauptfassade kippte unter den Augen des Publikums um (Bild unten). In der Draufsicht wurde sichtbar, wie filigran die Hallenkonstruktion war (Bild oben).

Mehr Substanz wiesen die anderen Baukörper auf. Für die moderne Abbruchtechnik mit Hydraulikbagger, Longfront und Betonzerkleinerer dennoch ein leichtes Spiel. Das Abbruchunternehmen beherrschte die Technik virtuos (Seite 61).

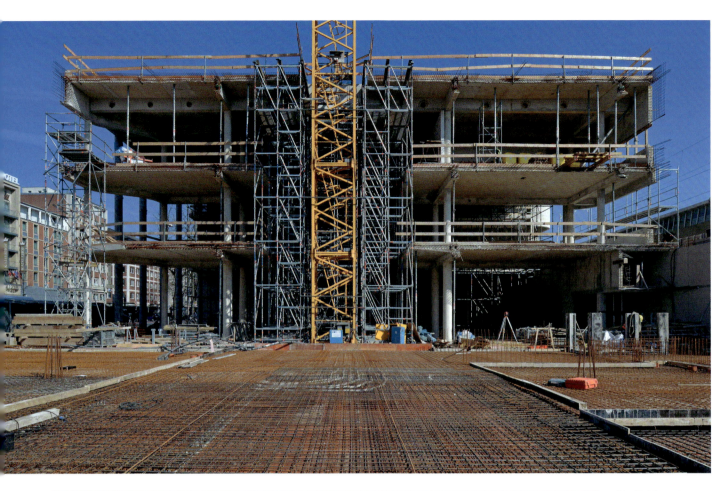

Der Rohbau des Nordtrakts aus der temporären Baulücke heraus. Die Eisenbieger haben die Baustahlmatten für das Betonieren der Kellerdecke vorbereitet (oben, im Januar 2016).

Links: Der Blick nach Norden auf die Rohbaustelle vom südlichen Turmdrehkran Anfang Januar 2016. Beide Baukrane standen in der Mittelachse der zukünftigen Haupthalle.

Der Rohbau entsteht. Markanter Gebäudeteil ist der Nordtrakt zur Gleisseite hin. Dennoch klafft wegen einer Munitionsverdachtsfläche im Januar 2016 eine Gebäudelücke zwischen Nord- und Südtrakt. Die vermeintliche Bombe entpuppte sich gottlob als Eisenrohr (Bild oben).

Der Blick vom Rohbau des Nordtrakts über die temporäre Baulücke auf den in die Höhe wachsenden Südtrakt (rechts, Aufnahme am 4. Januar 2016).

Die Ostfassade des Neubaus (oben, am 18. Mai 2017) und dieselbe Situation vor dem Abbruch des alten Hauptbahnhofs im Dezember 2014 (links).

Der Fußboden, ein Kunstwerk. Der Bodenbelag auf den Galerien und Verbindungsbrücken der Haupthalle ist ein aufwendig gefertigter Asphaltboden. Oben wird der Gussasphalt aufgebracht.

Nach dem Aushärten erhält der Boden in mehreren Schleifgängen seine endgültige Anmutung. Optisch reizvoll ist die geschliffene, helle Steinkörnung im dunklen Asphalt (rechts).

Der Rohbau wächst und gewinnt an Form. Am 1. April 2016 ist die infolge einer Munitionsverdachtsfläche entstandene Gebäudelücke zwischen Nord- und Südteil des zukünftigen Empfangsgebäudes erkennbar (oben). Am 7. Juni 2016 ist die Lücke bereits geschlossen (links).

Das Empfangsgebäude am 6. April 2017 steht kurz vor der Fertigstellung (oben). Die Aufnahme rechts gibt den Bauzustand fast auf den Tag genau ein Jahr zuvor wieder. Die Leistung der Bauschaffenden ist unverkennbar.

Oben: Blick nach Norden in die Mittelachse der Haupthalle (24. August 2017).

Seite 68/69: Der neue Hauptbahnhof von der Stadtseite in einer Visualisierung.

Seite 70/71: Die komplett eingerüstete Haupthalle während der Rohbauarbeiten. Noch lässt sich das spätere Raumerlebnis kaum erahnen (Foto am 15. Februar 2016).

Seite 72/73: DB Regio begegnet den "Privaten". Am Abend des 8. Dezember 2013 geben sich ein Dieseltriebwagen der DB Regio AG mit dem Fahrtziel Enschede und die Eurobahn nach Bielefeld an den sanierten Bahnsteigen ein Stelldichein.

Seite 74/75: Blick in die Haupthalle vier Wochen nach der Eröffnung (Sommer 2017).

Oben: Die Haupthalle nach Eröffnung in einer Zentralperspektive.

Rechts: Der Blick aus der Haupthalle auf die Bahnsteige (Mai 2017)

Oben: Der neue Hauptbahnhof im Abendlicht. Das Vordach hat seine finale Form und wird gekrönt vom Schriftzug (August 2017).

Auch während der Bauarbeiten waren die Personen-Unterführungen die Lebensader des Hauptbahnhofs. Links der Südtunnel, wie stets, stark frequentiert von Reisenden.

Oben: "Linien müssen fließen", war der Leitspruch des Chefarchitekten Marc Ulrich. Dieses Foto zeigt sehr eindrücklich, was er damit meinte (18. Mai 2017).

Rechts: Der Blick in die Mittelachse der Haupthalle. Der Betrachter wird von den Linien förmlich aufgesogen (24. August 2017).

Ein Bild mit Symbolkraft: Die Montage der Bahnhofsuhr weist auf die bevorstehende Fertigstellung des Empfangsgebäudes (Foto am 18. Mai 2017).

Die Vielfalt der Baumaterialien beim Innenausbau der Shops ist nicht ohne optischen Reiz – hier stellvertretend mit vier Details (Mai 2017).

Was Reisenden und Bahnhofsbesuchern verborgen bleibt: Die Infrastruktur zum Betrieb des Hauptbahnhofs ist umfangreich. Unerlässlich sind die Anlagen der Klimatechnik. Die farbenfrohen Taschenfilter im Luftansaugkanal sorgen für saubere Luft (Seite 82), Zu- und Abluftkanäle gehören ebenso zur Dachlandschaft des Empfangsgebäudes (Bild oben), wie die Glashaus-Architektur des Oberlichtbandes (unten). Spezielle Verbundglasscheiben von beträchtlicher Stärke sorgen in den Oberlichtern bei jedem Wetter für Sicherheit und Wohlbefinden der Besucher in der Haupthalle (rechts, alle Aufnahmen im Februar und März 2017).

Der Münsteraner Eisenbahnfotograf Burkhard Beyer besucht den Hauptbahnhof seit Jahren regelmäßig mit seiner Kamera. So entstanden zahlreiche schöne Bilddokumente. Alle Aufnahmen dieser Doppelseite stammen aus seinem fotografischen Schaffen. Oben begegnet am 19. Februar 2016 ein nordwärts reisender Intercity der DB Fernverkehr AG, bespannt mit der Elektrolokomotive 101 102, einem Elektrotriebwagen der Westfalenbahn als Regionalbahn RB 66 nach Osnabrück.

Seite 84 oben: Eine kleine Hommage an die Elektrolokomotive der Baureihe 110, die am Abend des 7. Dezember 2007 offiziell Abschied nimmt vom Regelbetrieb mit einer Garnitur Nahverkehrswagen als Regionalbahn der Linie RB 66 in Richtung Osnabrück. Vertreterinnen dieser Baureihe, liebevoll als "Bügelfalte" bezeichnet, gehörten über vier Jahrzehnte ununterbrochen von Beginn des elektrischen Betriebs im September 1966 bis zum Fahrplanwechsel im Dezember 2007 zum gewohnten Bild im Hauptbahnhof (vgl. Seite 50). Die Aufnahme zeigt die noch nicht sanierten Bahnsteige.

Seite 84 unten: Zwei Garnituren Regionalexpress der Linie RE 7 mit unterschiedlichen Triebfahrzeugen. Links die 111 117 mit einem Zug nach Ankunft aus Krefeld, rechts die Elektrolokomotive 112 162 mit dem RE 7 kurz vor der Abfahrt Richtung Krefeld. Auf dem bereits sanierten Bahnsteig herrscht großer Andrang (Foto am 8. Dezember 2013).

Die Kühltürme der Klimatechnik auf dem Dach gehören zu den Anlagen, die den Reisenden und den Bahnhofsbesuchern in aller Regel verborgen bleiben. Gleichwohl sind sie für deren Wohlbefinden von allergrößter Bedeutung.

Seite 86/87: Der neue Hauptbahnhof Münster (Westf) strahlt im Licht eines Sommerabends (Foto im August 2017).

Seite 88/89: Bahnsteigdächer wie Schwingen. Nach der Sanierung befinden sich die Bahnsteigdächer in tadellosem Zustand und bestechen auch nach über 60 Jahren durch ihre dynamische Form (Foto im Februar 2017).

Seite 90/91: Ungewöhnliche Detailansicht auf dem Hauptbahnhof. Zur Bebauung auf dem Dach des neuen Bahnhofs gehören auch die umfangreichen Anlagen der Haustechnik, die bei genauer Ansicht durchaus visuelle Reize entwickeln können (Foto im März 2017).

Seite 92/93: Bis in die Gegenwart prägen die geschwungenen Stahlbetondächer aus den 1950er Jahren die Dachlandschaft der Bahnsteige im Hauptbahnhof und sind nach der Sanierung fit für die kommenden Jahre (Foto im Februar 2017).

Impressum

Herausgegeben von
VBN Verlag Bernd Neddermeyer GmbH
in Kooperation mit DB Station&Service AG
Europaplatz 1, 10557 Berlin

ISBN 978-3-941712-64-5

Konzept/Redaktion

Martin Libutzki/Christian Bedeschinski

Satz/Layout/Bildbearbeitung

Christian Bedeschinski/Bernd Neddermeyer

Lektorat

Erwin Blau/Carolin Bolle

Bildnachweis

Christian Bedeschinski: Seite 4, 21 unten, 24, 25 oben, 27(2), 28, 54(2), 55(2), 58(3), 59(2), 60(2), 61, 62(2), 63(2), 64(2), 65(2), 66(2), 67(2), 70/71, 74/75, 76, 77 unten, 78(2), 79(2), 80, 81(4), 82, 83(3), 88/89, 90/91, 92/93, 94, 96.

DB Station&Service AG: Seite 20 unten, Vorsatz unten, Nachsatz unten.

DB Station&Service AG, Bahnhofsmanagement Münster (Westf) Hbf: Seite 9, 53.

DB Station&Service AG, ISB-O: Titel, Nachsatz oben, Seite 10, 23, 25 oben, 26(2), 68/69, 77 oben, 86/87, Rücktitel.

Historische Sammlung der DB AG: Vorsatz oben, Seite 11, 12(2), 13(2), 16, 17, 18(2).

Burkhard Beyer: Seite 6, 8, 22(2), 56, 57 oben. 72/73, 84(2), 85.

Archiv Burkhard Beyer: Seite 19 unten, 32(2), 33(2).

Deutsche Bahn AG: Seite 5.

Wolfgang Fiegenbaum: Seite 57 unten.

Alfred Gneist/Sammlung Kilian: Seite 13 oben.

Ludwig Rotthowe: Seite 46, 47, 48(2), 49, 51 oben.

Stadt Münster (Westf): Seite 7.

Archiv VBN Verlag Bernd Neddermeyer GmbH: Seite 15 oben.

Stadtarchiv Münster (Westf): Seite 14 oben, 15 unten

LWL-Industriemuseum, Bestand BD Münster: Seite 19 oben, 20 oben, 21 oben, 31(2), 34, 35(2), 36, 37 oben, 38, 39(2), 40, 41, 42/43, 44/45, 50(2), 51 unten, 52(2).

Daten und Fakten zum neuen Hauptbahnhof Münster (Westf)

Bauherr: DB Station&Service AG
Bahnhofsmanagement Münster I.SV-W-MST

Projektleitung: DB Station&Service AG,
Großprojekte / Baumanagement I.SBH

Projektentwicklung: DB Station&Service AG,
Objektentwicklung und Planung, I.SBO

Architektur: DB Station&Service AG,
Objektentwicklung und Planung I.SBO

Baubeginn: Dezember 2014
Eröffnung: 24. Juni 2017
Bruttogrundfläche: 12.941 m²
Nutzfläche: 6.614 m²
Mietfläche: 5.050 m²
Nutzungen: 1.600 m² Empfangshalle
21 Vermarktungseinheiten
DB Reisezentrum
Büros für das Bahnhofsmanagement
Lager-, Neben- und Technikflächen

Zahl der Reisenden und Besucher: 68.000 täglich

Literaturnachweis

Der Hauptbahnhof Münster – ein Stern im Norden von Wolfgang Fiegenbaum

Brandt, Wolfgang: Münster. In Loseblattwerk: Preußische Eisenbahn-Knoten. Werl o.J. (1997)

Gussek-Revermann, Anja; Kilian, Heinz: Münster und die Eisenbahn. Münster 2003

Hanstein, Reinhard: „cross-border nationalisation" im Eisenbahnsektor? In: Eisenbahn-Revue International, Heft 7/2012, Seite 362 – 364

Reichsbahndirektion Münster (Westf) (Hrsg.): 40 Jahre Eisenbahndirektion Münster (Westf) 1895 – 1935. Münster 1935

Richter, Karl Arne (Hrsg.): Europäische Bahnen '15/'16. Hamburg 2015

Schack, Martin: Neue Bahnhöfe. Berlin 2004

Der neue Hauptbahnhof Münster (Westf) von Philipp Luy:

Hugo Böttger, Empfangsgebäude der Deutschen Reichsbahn, Berlin 1933

Dank für die Hilfe zum guten Gelingen dieses Buches an: Michael Jansen (DB Station&Service AG, Bahnhofsmanagement Münster Hbf.), Burkhard Beyer, Erwin Blau, Carolin Bolle, (UGW Communication GmbH), Ingo Hütter, Ludwig Rotthowe, Norbert Tempel, Ursula Zimmermann.

Kunst am Bau: Graffito auf dem Gebäude des Notstromaggregats auf der Ostseite des Hauptbahnhofs (Mai 2017).

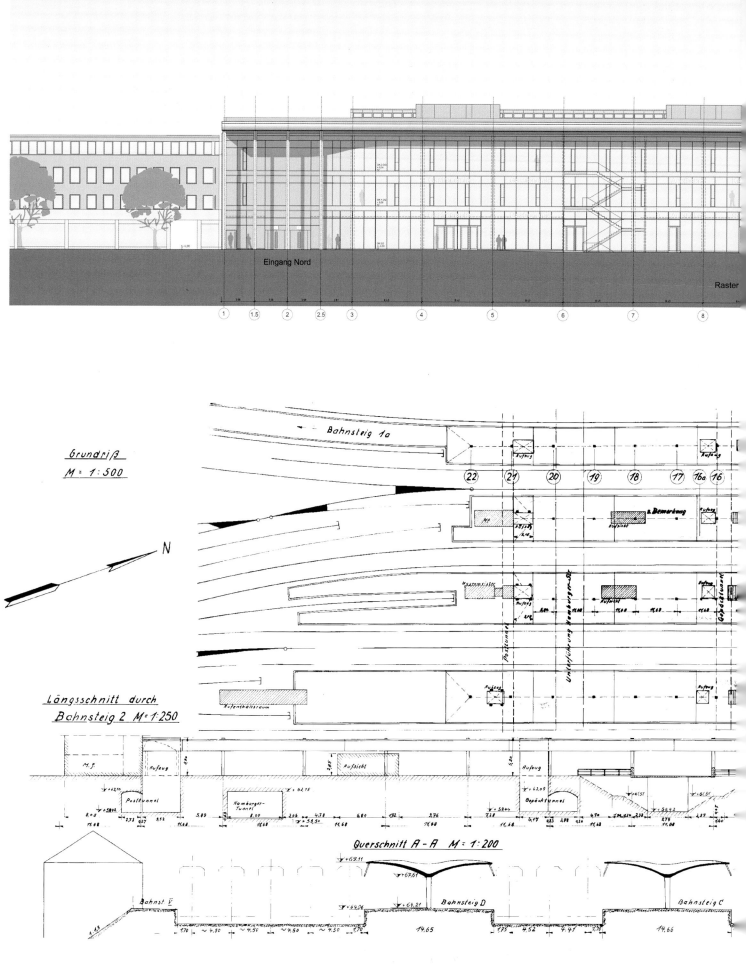